Impressum
Verlag: BABADADA GmbH, Nedderfeld 112 , 22529 Hamburg
Geschäftsführer / Verlagsleitung: Harald Hof
Druck: Books on Demand GmbH, In de Tarpen 42, 22848 Norderstedt

Imprint
Publisher: BABADADA GmbH, Nedderfeld 112 , 22529 Hamburg, Germany
Managing Director / Publishing direction: Harald Hof
Print: Books on Demand GmbH, In de Tarpen 42, 22848 Norderstedt

colegio

مکتب

aula
صنف درسی
dividir
تقسیم کردن
186/2
pizarrón
تخته
patio de escuela
maestro
معلم
papel
کاغذ
escribir
نوشتن
birome
خودکار
escritorio
میز کار
regla
خط کش
libro
کتاب
alumno
شاگرد

mochila

بیگ مکتب

caja de lápices

قلم دانی

lápiz

پنسل

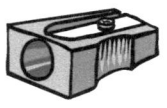

sacapuntas

پنسل تراش

goma (de borrar)

پنسل پاک

bloc de dibujo

کتابچه رسم

dibujo

نقاشی

pincel

برس رنگ زنی

caja de pinturas

بکسک رنگه

tijera

قیچی

pegamento

سریش

cuaderno de ejercicios

کتاب تمرین

tarea

کار خانگی

número

عدد

sumar

جمع کردن

restar

تفریق کردن

multiplicar

ضرب کردن

calcular

حساب کردن

letra

حرف

abecedario

الفبا

palabra

کلمه

texto

متن

leer

خواندن

tiza

تباشير

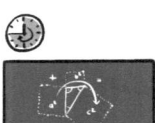

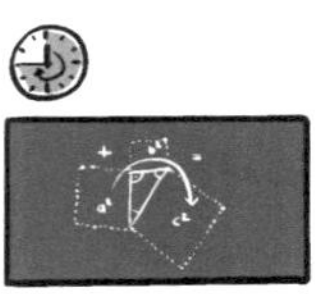

lección

درس

cuaderno de clase

ثبت نام

examen

امتحان

certificado

تصديقنامه

uniforme escolar

يونيفورم مكتب

educación

تحصيل

enciclopedia

دانشنامه

universidad

پوهنتون

microscopio

مايكروسكوپ

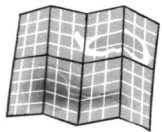

mapa

نقشه

tacho (de basura)

سبد كاغذ باطله

viaje
سفر

hotel
هوتل
hostel
لیلیه
casa de cambio
دفتر صرافی
valija
بیگ سفری
auto
موتر

idioma

زبان

sí / no

بلی / نخیر

Está bien

بسیار خوب

hola

سلام

traductor

مترجم

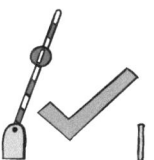

Gracias

تشکر از شما

¿cuánto cuesta…?

قیمتش چقدر است؟

No entiendo

نمی فهمم

problema

مشکل

¡Buenas tardes!

عصر بخیر! / شب بخیر!

¡Buenos días!

صبح بخیر!

¡Buenas noches!

شب بخیر!

adiós

خداحافظ

dirección

مسیر

equipaje

بار مسافر

bolso

بیگ

mochila

بیگ پشتکی

invitado

مهمان

habitación

اطاق

bolsa de dormir

بستره خواب سیار

carpa

خیمه

información turística

معلومات توریستی

playa

ساحل

tarjeta de crédito

کریدیت کارت

desayuno

صبحانه

almuerzo

طعام چاشت

cena

غذای شام

pasaje

تکت

ascensor

لفت

sello

مهر

frontera

مرز

aduana

گمرک

embajada

سفارتخانه

visa

ویزه

pasaporte

پاسپورت

transporte

حمل و نقل

avión
طیاره
barco
کشتی
autobomba
موتر اطفاییه
colectivo
بس
camión
لاری
lancha a motor
قایق موتوری
bicicleta
بایسکل
auto
موتر

ferry

کشتی

bote

قایق

moto

موترسایکل

patrullero

موتر پولیس

auto de carreras

موتر مسابقه

auto de alquiler

موتر کرایی

alquiler de autos

اشتراک وسایط

grúa

جرثقیل

camión de basura

موتر حمل زباله

motor

موتور

nafta

تیل

estación de servicio

تانک تیل

señal de tránsito

علامت ترافیکی

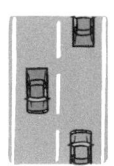

tránsito

عبور و مرور

embotellamiento

راهبندان

estacionamiento

پارک وسایط

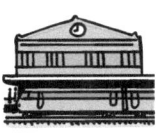

estación de tren

ایستگاه ریل

vías

خط ریل

tren

ریل

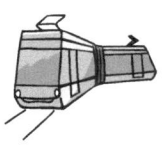

tranvía

ریل برقی

vagón

واگن

helicóptero

هلیکوپتر

aeropuerto

میدان هوایی

torre

برج

pasajero

مسافر

contenedor

کانتینر

caja de cartón

کارتن

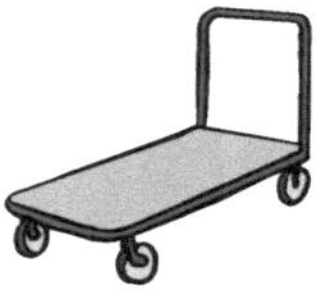

carretilla

گادی

canasta

سبد

despegar / aterrizar

پرواز کردن / فرود آمدن

ciudad

شهر

pueblo

قریه

centro de ciudad

تیاتر شهر

casa

خانه

cine
سینما

publicidad
اعلان

farol
چراغ سرک

calle
سرک

taxi
تکسی

CINEMA

kiosco
فروشگاه اسنک

peatón
عابر پیاده

vereda
پیاده رو

paso peatonal
خطوط عابر پیاده

contenedor de basura
سطل آشغال

cruce
چهار راهی

semáforo
چراغ راهنمایی

cabaña

کلبه

departamento

اپارتمان

estación de tren

ایستگاه ریل

municipalidad

تالار شهر

museo

موزیم

colegio

مکتب

universidad

پوهنتون

banco

بانک

hospital

شفاخانه

hotel

هوتل

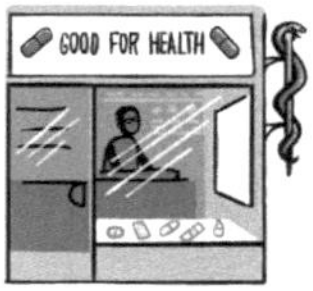

farmacia

دواخانه

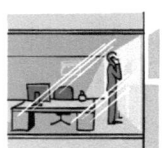

oficina

دفتر

librería

کتابفروشی

negocio

مغازه

florería

گل فروشی

supermercado

سوپر مارکیت

mercado

فروشگاه

grandes tiendas

فروشگاه

pescadería

ماهی فروشی

centro comercial

مرکز خرید

puerto

بندر

parque

پارک

banco

دراز چوکی

puente

پل

escaleras

زینه ها

subte

مترو

túnel

تونل

parada del colectivo

ایستگاه بس

bar

میخانه

restaurante

رستورانت

buzón

صندوق پست

letrero

علامت سرک

parquímetro

ماشین پارکو متر

zoológico

باغ وحش

pileta

حوض آببازی

mezquita

مسجد

granja

مزرعه

contaminación

آلوده گی

cementerio

قبرستان

iglesia

کلیسا

juegos infantiles

میدان بازی

templo

معبد

paisaje

چشم انداز

hoja
برگ
poste indicador
لوحه
camino
راه
pradera
علفزار
piedra
سنگ
excursionista
کوهنورد
árbol
درخت
río
دریا
hierba
علف
flor
گل

valle

دره

montaña

تپه

lago

دریاچه

bosque

جنگل

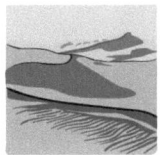

desierto

صحرا

volcán

آتشفشان

castillo

قلعه

arco iris

رنگین کمان

champiñón

سمارق

palmera

درخت الو

mosquito

پشه

mosca

مگس

hormiga

مورچه

abeja

زنبور

araña

عنکبوت

escarabajo

قانغوزک

rana

بقه

ardilla

موش خرما

erizo

خارپشت

liebre

خرگوش صحرایی

lechuza

بوم

pájaro

پرنده

cisne

مرغابی

jabalí

خوک وحشی

ciervo

گوزن

alce

گوزن شمالی

presa

بند آب

aerogenerador

توربین بادی

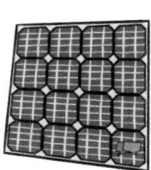

panel solar

صفحه خورشیدی

clima

آب و هوا

mozo
پیشخدمت
menú
مینوی غذا
silla
چوکی
sopa
سوپ
pizza
پیتزا
cubiertos
قاشق و پنجه و کرد
mantel
روی میزی

entrada

پیش غذا

plato principal

غذای اصلی

postre

شرینی

bebidas

نوشیدنی ها

comida

غذا

botella

بوتل

comida rápida

فاست فود

comida callejera

غذای کنار سرک

tetera

چاینک/ترموز

azucarera

قندانی

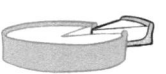

porción

بخش غذا

cafetera expreso

دستگاه اسپرسو

sillita alta

چوکی بلند

cuenta

بل

bandeja

پطنوس

cuchillo

چاقو

tenedor

پنجه

cuchara

قاشق

cucharita

قاشق چای خوری

servilleta

دستپاک دسترخوان یا میز

vaso

گیلاس

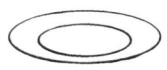

plato

بشقاب

plato hondo

بشقاب سوپ

plato

نعلبکی

salsa

چتنی

salero

نمکدان

molinillo de pimienta

آسیاب مرچ

vinagre

سرکه

aceite

روغن خوراکی

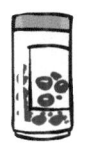

especias

ادویه

kétchup

کچاپ

mostaza

ساس خردل

mayonesa

مایونز

supermercado
سوپر مارکیت

oferta especial
پیشنهاد خاص
cliente
مشتری
lácteos
لبنیات
fruta
میوه
changuito
چرخ دستی

carnicería
قصابی

panadería
نانوایی

pesar
وزن کردن

verduras
سبزیجات

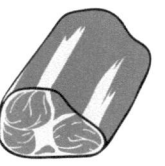

carne
گوشت

alimentos congelados
غذای منجمد

fiambres

غذای سرد

alimentos enlatados

غذای کنسرشده

detergente en polvo

پودر رختشویی

golosinas

شیرینی

electrodomésticos

لوازم خانگی

productos de limpieza

محصولات پاک کننده

vendedora

فروشنده

caja

دخل پیسه

cajero

صندوقدار

lista de compras

لست خرید

horario de atención

ساعات کاری

billetera

بکسک جیبی

tarjeta de crédito

کریدیت کارت

cartera

بیگ

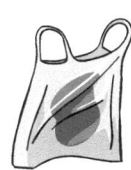

bolsa de plástico

بیگ پلاستیکی

bebidas
نوشیدنی ها

agua

آب

jugo

جوس

leche

شیر

bebida cola

نوشابه

vino

شراب

cerveza

بیر

alcohol

الکول

cacao

ککو

té

چای

café

قهوه

café expreso

اسپرسو

cappuccino

کاپوچینو

banana

کیله

manzana

سیب

naranja

مالته

melón

تربوز

limón

لیمو

zanahoria

زردگ

ajo

سیر

bambú

چوب خیزران

cebolla

پیاز

champiñón

سمارق

nueces

مغزیات

fideos

آش

tallarines

مکرونی

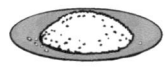

arroz

برنج

ensalada

سلاد

papas fritas

چیپس

papas fritas

کچالو سرخ کرده

pizza

پیتزا

hamburguesa

همبرگر

sándwich

ساندویچ

churrasco

کتلت

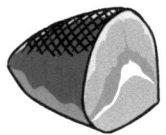

jamón

همبرگر

salame

سالامی

salchicha

ساسچ

pollo

مرغ

asado

کباب

pescado

ماهی

copos de avena

فرنی جو

muesli

صبحانه رژیمی

copos de maíz

کورن فلکس

harina

آرد

medialuna

کروسانت

pancito

قرص نان

pan

نان خشک

tostada

توست / نان بریان

galletitas

بیسکیت

manteca

مسکه

cuajada

چکه

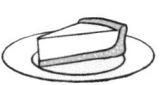

torta

کیک

huevo

تخم مرغ

huevo frito

تخم مرغ سرخ شده

queso

پنیر

helado

آیسکریم

azúcar

شکر

miel

عسل

mermelada

مربا

pasta de chocolate

مسکه چاکلیت

curry

زردچوبه هندی

granja
مزرعه

granja
granero
گودام غله
fardo de paja
خرمن گاه
campo
زمین زراعتی
caballo
اسب
remolque
تریلر
tractor
تراکتور
potrillo
کره اسب
burro
خر
oveja
گوسفند
cordero
بره

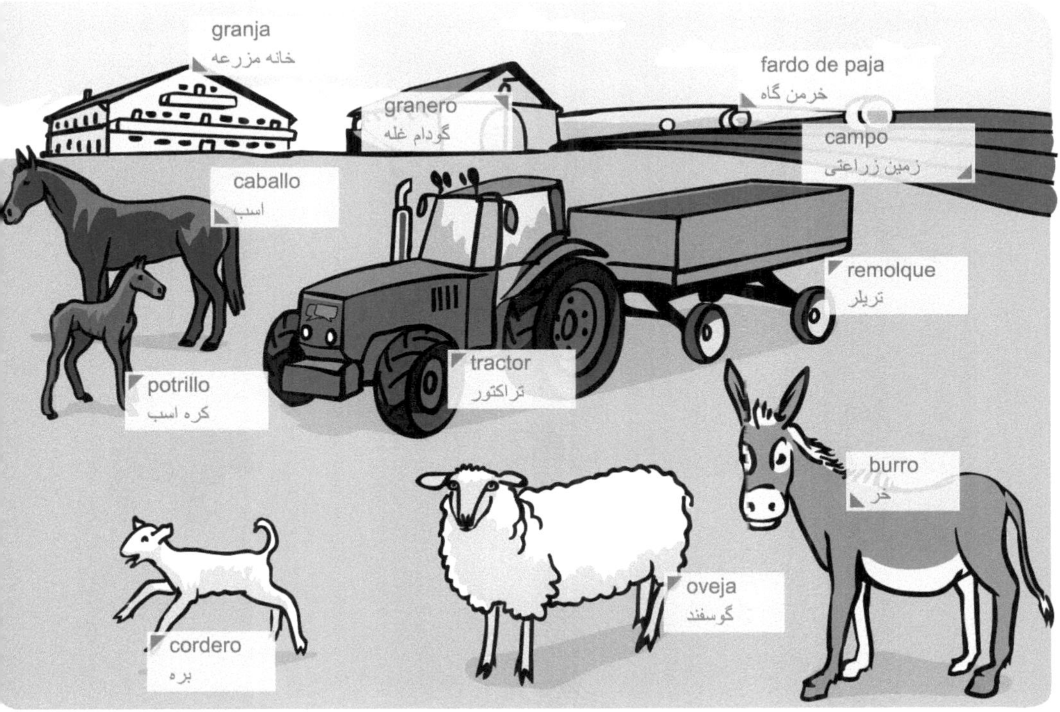

cabra

بز

vaca

گاو

ternero

گوساله

cerdo

خوک

lechón

خوکچه

toro

گاو نر

ganso

قاز

pato

مرغابی

pollo

چوچه مرغ

gallina

مرغ

gallo

خروس

rata

موش صحرایی

gato

پیشک

ratón

موش

buey

گاومیش

perro

سگ

cucha

خانه سگ

manguera

خانه باغ

regadera

آبپاش

guadaña

داس

arado

قولبه کردن

hoz

داس

azada

کج بیل

horquilla

چنگال باغبانی

hacha

تبر

carretilla

کراچی

abrevadero

تغار

lechera

قوطی شیر

bolsa

بوجی

reja

دیوار مرزی از چوب یا سیم خار دار

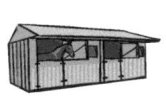

establo

پایدار

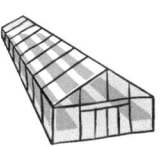

invernadero

گلخانه

suelo

خاک

semilla

تخم

fertilizador

کود

cosechadora

ماشین درو وخرمنکوبی

cosechar

درو کردن

cosecha

درو

batatas

کچالو شرین

trigo

گندم

soja

سویا

papa

کچالو

maíz

جواری

semilla de colza

کلزا

árbol frutal

درخت میوه

mandioca

مانیوک

cereales

غلات و حبوبات

casa
خانه

chimenea
دودکش
techo
پشت بام
caño de desagüe
آب رو
ventana
کلکین
garaje
گراج
timbre
زنگ دروازه
puerta
دروازه
tacho de basura
سطل زباله
buzón
صندوق نامه
jardín
باغچه

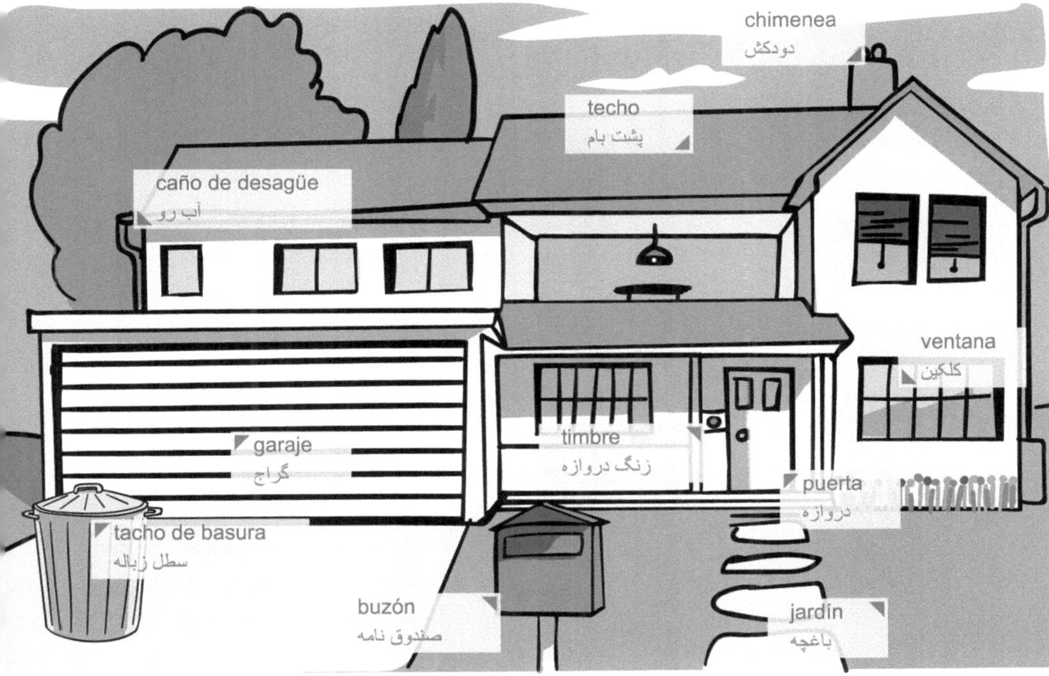

living

اطاق نشیمن

baño

حمام / دستشویی

cocina

آشپزخانه

dormitorio

اطاق خواب

cuarto de los chicos

اطاق اطفال

comedor

اطاق پذیرایی

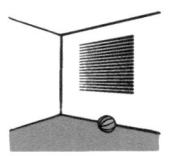

piso

کف زمین

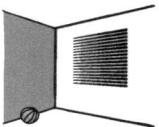

pared

دیوار

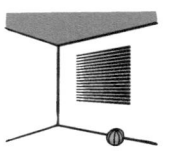

cielorraso

سقف

sótano

گودام زیر زمینی

sauna

سونا

balcón

بالکن

terraza

برنده / بالکن

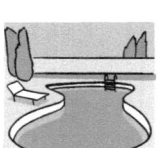

pileta

حوض

cortadora de pasto

ماشین درو کردن چمن

sábana

ورق کاغذ

acolchado

روجایی

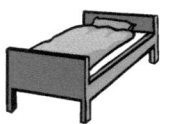

cama

تختخواب

escoba

جارو

balde

سطل

interruptor

سویچ

living

اطاق نشیمن

empapelado
کاغذ دیواری
imagen
تصویر
lámpara
چراغ
estante
قفسه
armario
کابینت
televisión
تلویزیون
chimenea
بخاری دیواری
flor
گل
almohadón
بالشت
sofá
کوچ
florero
گلدان
control remoto
ریموت کنترول

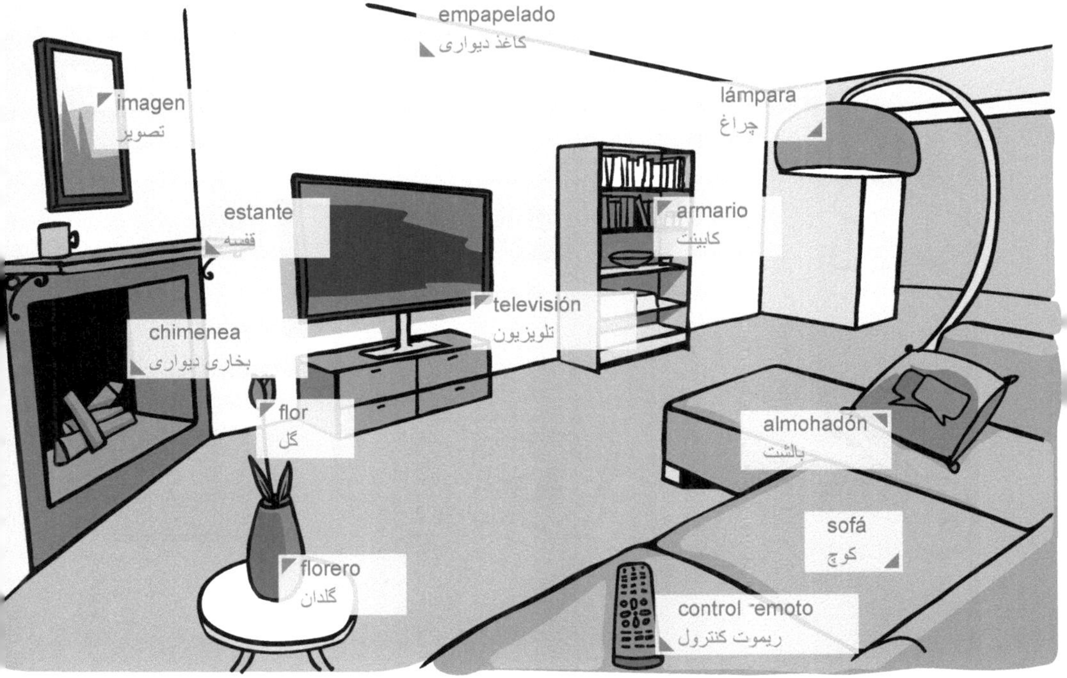

alfombra

فرش

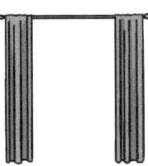

cortina

پرده

mesa

میز

silla

چوکی

mecedora

چوکی گهواره یی

sillón

چوکی دسته دار

libro

كتاب

frazada

كمپل

decoración

دكوراسيون

leña

هيزم

película

فلم

equipo de música

سيستم های فای

llave

كليد

diario

روزنامه

pintura

تابلوی نقاشی

póster

پوستر

radio

راديو

cuaderno

دفتر

aspiradora

جاروبرقی

cactus

كاكتوس

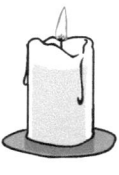

vela

شمع

cocina
آشپزخانه

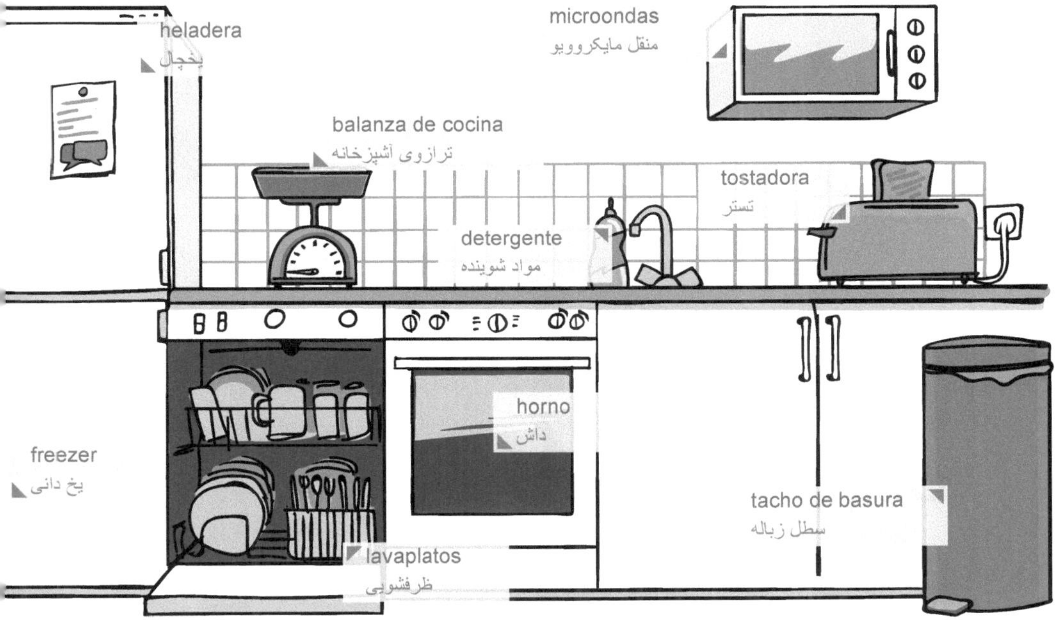
heladera
یخچال
freezer
یخ دانی
balanza de cocina
ترازوی آشپزخانه
microondas
منقل مایکروویو
tostadora
تستر
detergente
مواد شوینده
horno
داش
tacho de basura
سطل زباله
lavaplatos
ظرفشویی

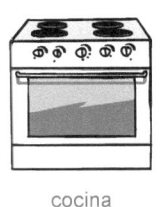

cocina

منقل

olla

دیگ

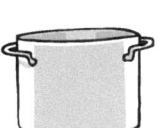

olla de hierro fundido

دیگ چدنی

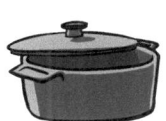

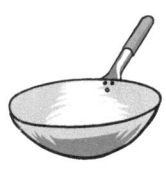

wok

کراهی

sartén

تابه

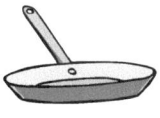

pava

چای جوش

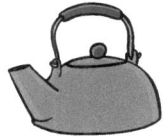

vaporera

بخارپز

bandeja de horno

پطنوس طباخی

vajilla

ظروف

taza

پیاله کلان

bol

کاسه

palitos

چاپستیک ها

cucharón

ملاقه

estpátula

کفگیر

batidora

مخلوط کننده

colador

چلو صاف

colador

غلبیل

rallador

رنده

mortero

هاونگ

parrilla

بار بیکیو

fogata

آتش باز

tabla de picar

....

تخته برش

palo de amasar

....

آشگز

sacacorchos

....

سر بازکن

lata

....

قوطی

abrelatas

....

سر باز کن

manopla

....

دستگیره تکه ای

pileta

....

ظرف شویی

cepillo

....

برس ظرف شویی

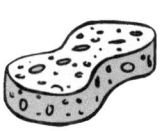

esponja

....

اسفنج

batidora

....

مخلوط کن

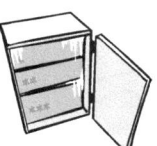

congelador

....

فریزر

mamadera

....

شیر چوشک اطفال

canilla

....

نل آب

baño

حمام / دستشویی

calefacción
گرم کننده
toalla
جان پاک
ducha
شاور
cortina de ducha
پرده حمام
baño de espuma
حمام کف
bañadera
تب حمام
lavarropas
ماشین لباسشویی
vaso
گیلاس
canilla
نل آب
baldosas
کاشی
pelela
پات اطفال
pileta
ظرف شویی

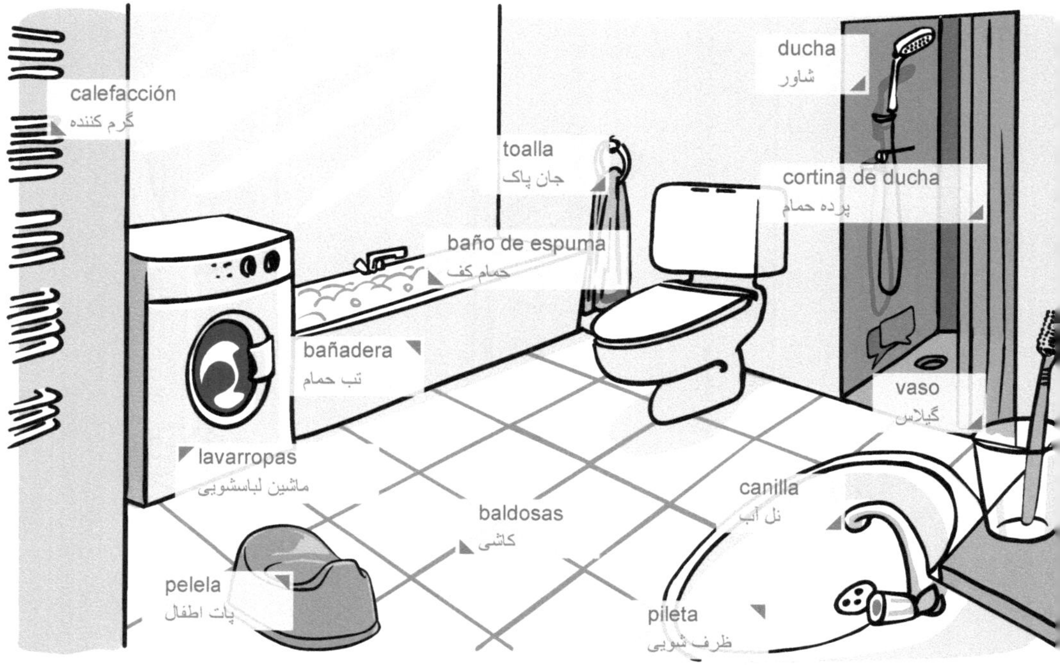

inodoro

تشناب

letrina

کمود فرشی

bidé

کمود

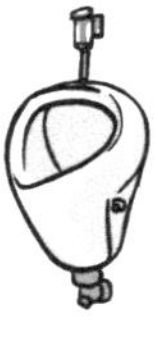

mingitorio

تشناب مرد ها

papel higiénico

کاغذ تشناب

cepillo para el inodoro

برس کمود

cepillo de dientes
....
برس دندان

dentífrico
....
کریم دندان

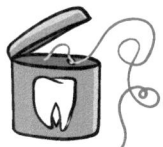

hilo dental
....
نخ دندان

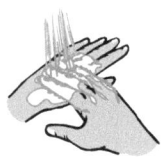

lavar
....
شستن

ducha de mano
....
شاور دستی

ducha higiénica
....
شاور کمود

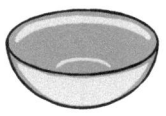

palangana
....
دستشویی

cepillo para espalda
....
برس پشت

jabón
....
صابون

gel de ducha
....
جل حمام

shampoo
....
شامپو

toallita
....
لیف

desagüe
....
آب رو

crema
....
کریم

desodorante
....
بوزدا

espejo

آینه

espejito

آینه دستی

maquinita de afeitar

ریش تراش

espuma de afeitar

کف ریش تراشی

aftershave

کلونیا

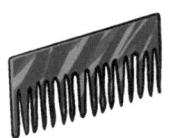

peine

شانه موی

cepillo

برس

secador de pelo

سشوار

spray

اسپری مو

maquillaje

آرایش

lápiz de labios

لب سرین

esmalte para uñas

رنگ ناخن

algodón

پشم پنبه

tijera para uñas

ناخن گیر

perfume

عطر

portacosméticos

كيسه شستشو

banqueta

چوکی چار پايه

balanza

ترازوی وزن

bata

جان پاک

guantes de goma

دستكش پلاستيكى

tampón

تامپون

toallita femenina

كوتكس

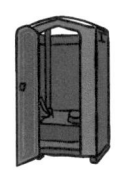

baño químico

تشناب سيار

cuarto de los chicos

اطاق اطفال

despertador
ساعت زنگ دار
peluche
گدی های نرم
coche de juguete
موتر سامان بازی
sonajero
جرنگانه
casa de muñecas
خانه گدی
regalo
هدیه

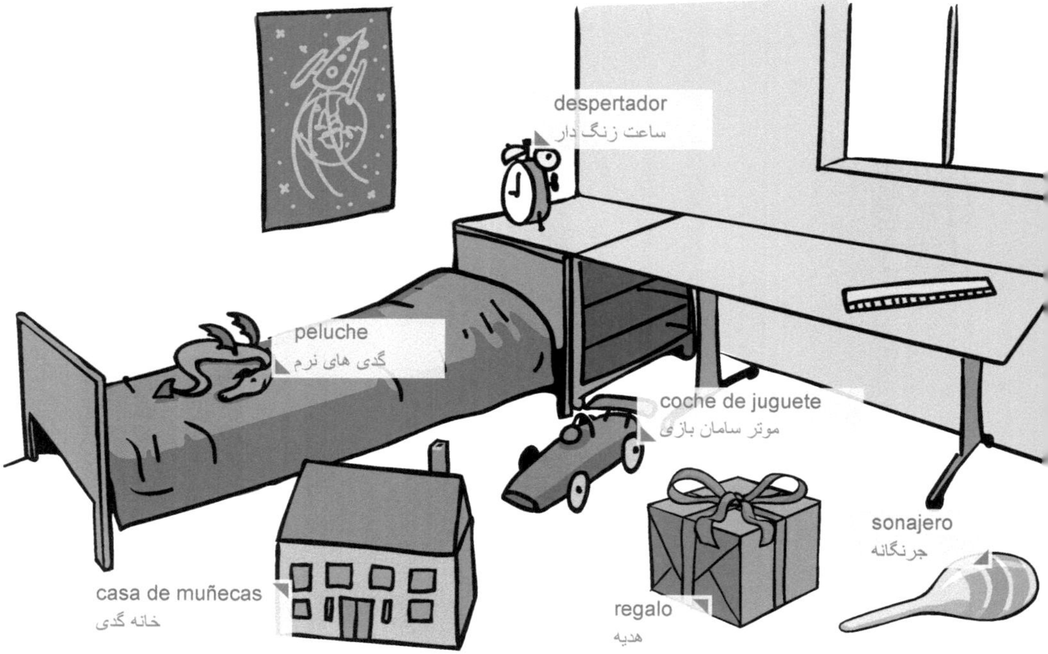

globo
پوقانه

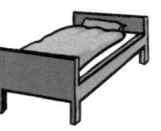

cama
تختخواب

cochecito
ریکشه اطفال

cartas
قطعه بازی

rompecabezas
پازل

historieta
خنده آور

piezas de lego

خشت های لگو

ladrillos de juguete

بلوک های سامان بازی

figura de acción

پچه فلم

enterito (de bebé)

لباس طفل

frisbee

فریزبی

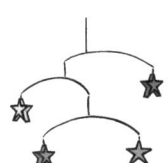

móvil para bebés

سامان بازی که روی تخت خواب اطفال
اویزان می شود

juego de mesa

بازی تخته یی

dados

تاس

tren eléctrico

ریل اسباب بازی

chupete

چوشک

fiesta

مهمانی

libro de cuentos ilustrado

کتاب تصویری

pelota

توپ

muñeca

گدیگک

jugar

بازی کردن

arenero

جعبه ریگ

hamaca

گاز

juguetes

اسباب بازی

consola de videojuegos

کنسول بازی کمپیوتری

triciclo

سه چرخه

osito de peluche

خرس سامان بازی

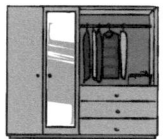

armario

الماری لباس

ropa

لباس

medias

جوراب

medias panty

جوراب دراز

calzas

برجس

bufanda
چادر سر

paraguas
چتری

remera
بلوز

cinturón
کمربند

botas
بوت

pantuflas
چپلک

zapatillas
کرمچ

sandalias
....
چپلی

zapatos
....
بوت

botas de goma
....
موزه پلاستیکی

ropa interior
....
نیکر

corpiño
....
واسکت زنانه

chaleco
....
واسکت

body

بدن

pantalones

برزو

jeans

پتلون کاوبای

pollera

دامن

blusa

بلوز

camisa

پیراهن

pulóver

یالان

buzo

جاکت کلاه دار

blazer

جاکت

campera

چمپر

tapado

کورتی

piloto

کوت بارانی

traje

لباس مخصوص مراسم

vestido

پیراهن

vestido de novia

لباس عروسی

traje

دریشی

camisón

لباس خواب

pijama

پاجامه

sari

ساری

pañuelo para cabeza

چادر سر

turbante

لنگی

burka

چادری

caftán

کفتان

abaya

چادر

traje de baño

لباس آببازی

short de baño

نیکر پاچه دار

shorts

پتلون نصفه

jogging

لباس ورزشی

delantal

پیش بند

guantes

دستکش

botón

دکمه

anteojos

عینک

pulsera

دستبند

collar

گردن بند

anillo

انگشتر

aro

گوشواره

gorra

کلاه پیک دار

percha

کوت بند

sombrero

کلاه

corbata

نیکتایی

cierre

زیپ

casco

کلاه مصون

tiradores

بند تنبان

uniforme escolar

یونیفورم مکتب

uniforme

یونیفورم

babero

پیش بند

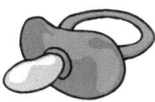

chupete

چوشک

pañal

پمپر

oficina

دفتر

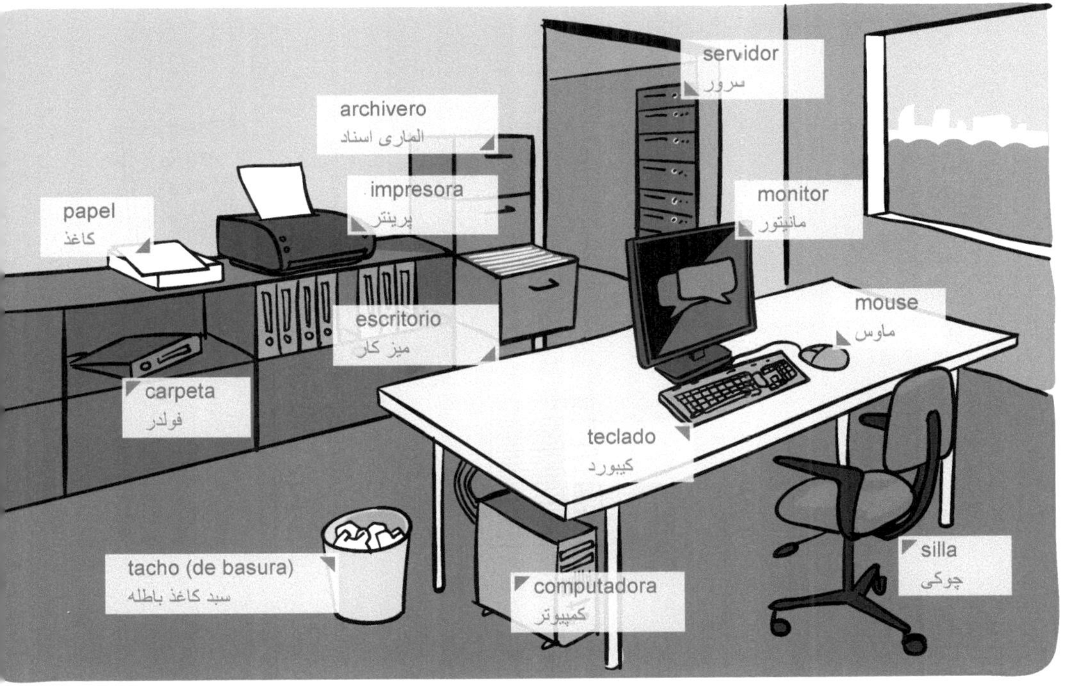

servidor
سرور

archivero
الماری اسناد

impresora
پرینتر

monitor
مانیتور

papel
کاغذ

mouse
ماوس

escritorio
میز کار

carpeta
فولدر

teclado
کیبورد

tacho (de basura)
سبد کاغذ باطله

silla
چوکی

computadora
کمپیوتر

taza de café

گیلاس قهوه

calculadora

ماشین حساب

internet

اینترنت

laptop

لپ تاپ

carta

نامه

mensaje

پیام

celular

موبایل

red

شبکه

fotocopiadora

ماشین فوتوکاپی

software

نرم افزار

teléfono

تلیفون

tomacorriente

پلک

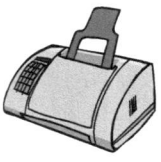

fax

دستگاه فکس

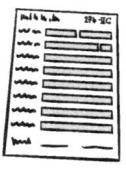

formulario

فورمه

documento

سند

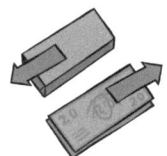

economía
اقتصاد

comprar

خرید کردن

pagar

پرداختن

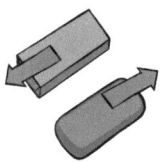

hacer negocios

تجارت کردن

dinero

پول

dólar

دلار

euro

یورو

yen

ین

rublo

روبل

franco suizo

فرانک سوئیس

yuan

یوان رنمینبی

rupia

روپیه

cajero automático

خودپرداز

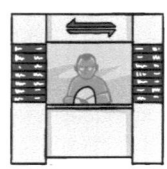

casa de cambio

دفتر صرافی

oro

طلا

plata

نقره

petróleo

نفت

energía

انرژی

precio

قیمت

contrato

قرارداد

impuesto

مالیات

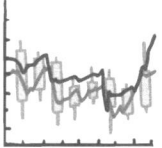

acción

سهام

trabajar

کار کردن

empleado

کارمند

empleador

استخدام کننده

fábrica

فابریکه

negocio

مغازه

ocupaciones

شغل ها

bombero
آتش نشان
policía
افسر پولیس
cocinero
آشپز
médico
داکتر
piloto
پیلوت

jardinero

باغبان

carpintero

نجار

modista

خیاط

juez

قاضی

farmacéutico

کیمیا دان

actor

بازیگر

colectivero

راننده بس

taxista

راننده تکسی

pescador

ماهیگیر

mucama

خدمه

techista

سقف ساز

mozo

پیشخدمت

cazador

شکارچی

pintor

نقاش

panadero

نانوا

electricista

برقی

albañil

بنا

ingeniero

انجنیر

carnicero

قصاب

plomero

نلدوان

cartero

پستچی

soldado

سرباز

arquitecto

معمار

cajero

صندوقدار

florista

گل فروش

peluquero

آرایشگر

cobrador

مامور تکت ریل

mecánico

میخانیک

capitán

کاپیتان

dentista

داکتر دندان

científico

دانشمند

rabino

خاخام/ عالم یهودی

imán

امام

monje

راهب

sacerdote

ملا

herramientas

ابزار

martillo
چکش
tenaza
پلاس
destornillador
پیچ کش
llave
رینچ
linterna
چراغ دستی

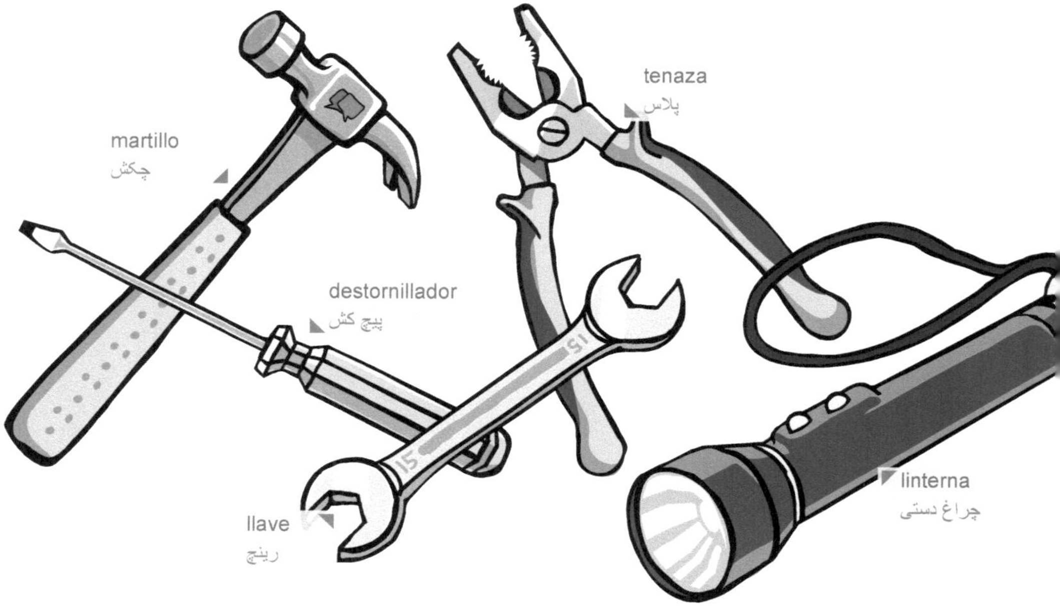

excavadora

ماشین حفاری

caja de herramientas

جعبه ابزار

escalera portátil

زینه

sierra

اره

clavos

میخ

taladro

برمه

arreglar

ترمیم کردن

pala de jardín

بیل

¡Qué bronca!

لعنتی!

pala de plástico

خاکروبه

tacho de pintura

سطل رنگ

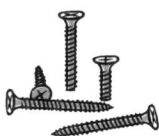

tornillos

پیچ

instrumentos musicales

آلات موسیقی

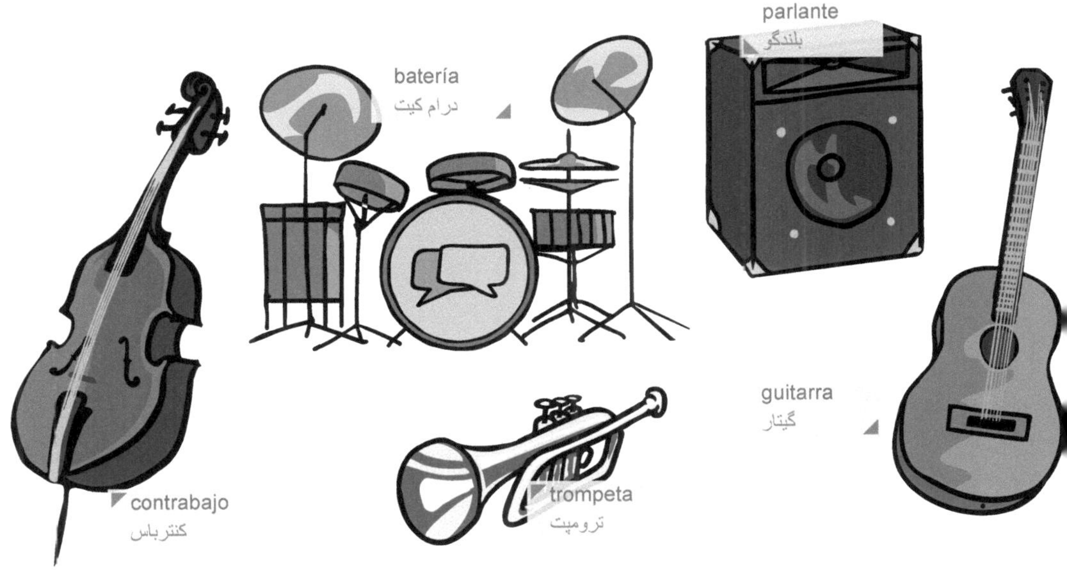

parlante

بلندگو

batería

درام کیت

guitarra

گیتار

contrabajo

کنترباس

trompeta

ترومپت

piano
....
پیانو

violín
....
وایلن

bajo
....
گیتار بیس

timbales
....
دهل

tambor
....
دول

teclado
....
پیانوی برقی

saxofón
....
ساکسوفون

flauta
....
توله

micrófono
....
میکروفون

zoológico

باغ وحش

entrada
ورودی
tigre
ببر
jaula
قفس
cebra
گوره خر
alimento para animales
غذای حیوانات
oso panda
پاندا

animales

حیوانات

elefante

فیل

canguro

کانگورو

rinoceronte

غژ گاو

gorila

گوریلا

oso

خرس

camello

شتر

avestruz

شترمرغ

león

شیر

mono

میمون

flamenco

فلامینگو

loro

طوطی

oso polar

خرس قطبی

pingüino

پنگوئن

tiburón

کوسه

pavo real

طاووس

serpiente

مار

cocodrilo

تمسا

cuidador del zoológico

نگهبان باغ وحش

foca

سگ آبی

jaguar

پلنگ خالدار امریکایی

poni

اسب کوچک

leopardo

پلنگ

hipopótamo

اسب آبی

jirafa

زرافه

águila

عقاب

jabalí

خوک وحشی

pescado

ماهی

tortuga

سنگ پشت

morsa

شیر دریایی

zorro

روباه

gacela

غزال

deportes
ورزش ها

fútbol americano
فوتبال امریکایی
ciclismo
بایسکل سواری
tenis
تنیس
básquet
باسکتبال
natación
آب بازی
boxeo
بوکس
hockey sobre hielo
هاکی روی یخ

fútbol
فوتبال

bádminton
بدمینتون

atletismo
ورزشکاری

handball
هندبال

esquí
اسکی

polo
پولو

reír
خندیدن
saltar
خیز زدن
abrazar
بغل کردن
caminar
راه رفتن
cantar
خواندن
soñar
خواب دیدن
rezar
دعا کردن
besar
بوسیدن

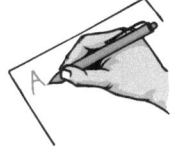

escribir
نوشتن

dibujar
کشیدن

mostrar
نشان دادن

presionar
تیله کردن

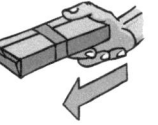

dar
دادن

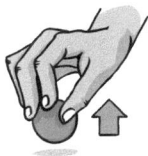

tomar
گرفتن

tener

داشتن

hacer

انجام دادن

ser

بودن

estar parado

ایستادن

correr

دویدن

tirar

كش كردن

tirar

پرتاب کردن

caer

افتادن

estar acostado

دروغ گفتن

esperar

صبر کردن

llevar

حمل کردن

estar sentado

نشستن

vestirse

لباس پوشیدن

dormir

خوابیدن

despertar

بیدار شدن

mirar

نگاه کردن

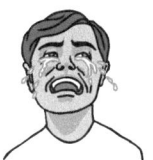

llorar

گریه کردن

acariciar

ضربه زدن

peinar

شانه کردن

hablar

صحبت کردن

entender

فهمیدن

preguntar

پرسیدن

escuchar

گوش دادن

beber

نوشیدن

comer

خوردن

ordenar

مرتب کردن

amar

عشق ورزیدن

cocinar

پختن

manejar

راننده گی کردن

volar

پرواز کردن

actividades – فعالیت ها   65

navegar

روی آب حرکت کردن

calcular

حساب کردن

leer

خواندن

aprender

یاد گرفتن

trabajar

کار کردن

casarse

ازدواج کردن

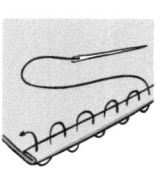

coser

دوختن

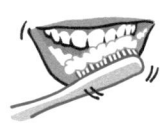

cepillarse los dientes

برس کردن دندان ها

matar

کشتن

fumar

سگریت کشیدن

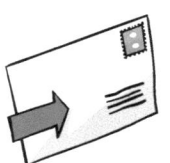

enviar

فرستادن

abuela
مادرکلان

abuelo
پدرکلان

padre
پدر

madre
مادر

bebé
نوزاد

hija
دختر

hijo
پسر

invitado

مهمان

tía

عمه / خاله

tío

ماما/کاکا

hermano

برادر

hermana

خواهر

frente
پیشانی
ojo
چشم
hombro
شانه
dedo
انگشت
cara
روی
pera
زنخ
mano
دست
pierna
پا
pecho
سینه
brazo
بازو

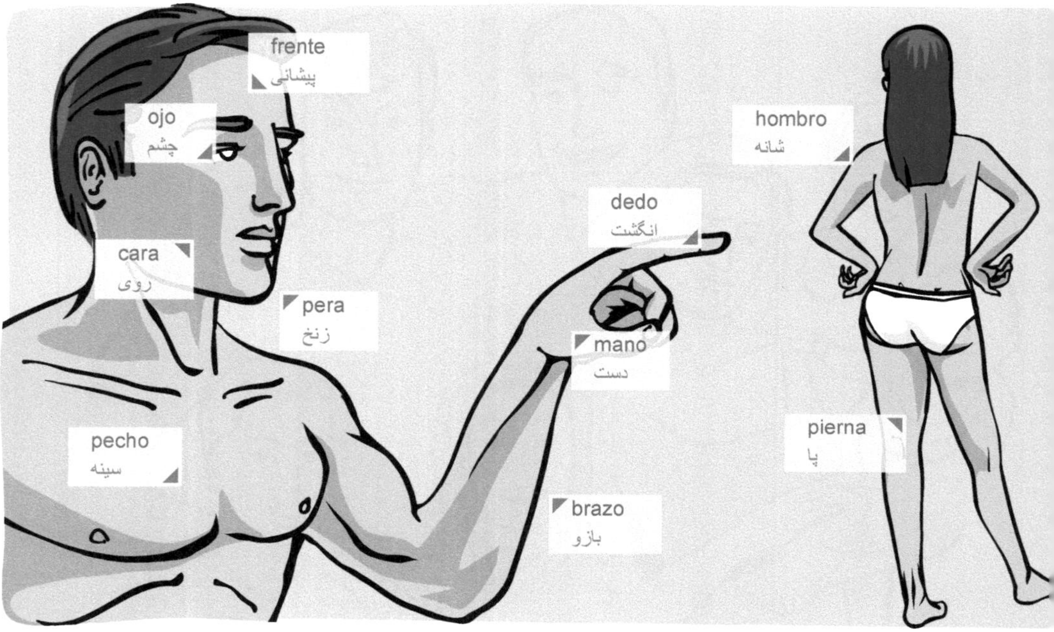

bebé

نوزاد

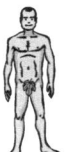

hombre

مرد

mujer

زن

nena

دختر

nene

پسر

cabeza

سر

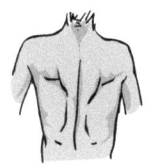

espalda

کمر

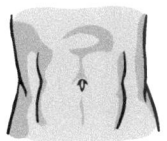

panza

شکم

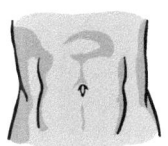

ombligo

ناف

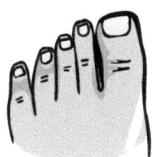

dedo del pie

انگشت پا

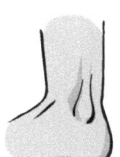

talón

کوری پای

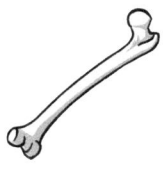

hueso

استخوان

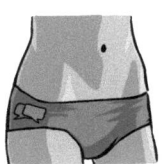

cadera

کمر

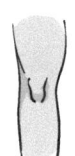

rodilla

زانو

codo

آرنج

nariz

بینی

cola

سرین

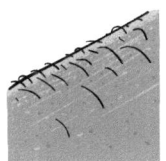

piel

پوست

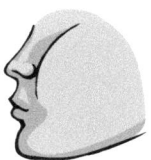

cachete

کومه

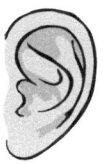

oreja

گوش

labio

لب

cuerpo - بدن

boca

دهان

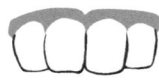

diente

دندان

lengua

زبان

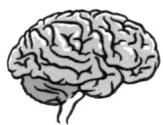

cerebro

مغز

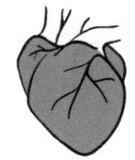

corazón

قلب

músculo

عضله

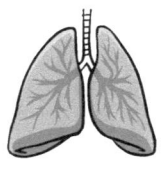

pulmón

شش

hígado

جگر

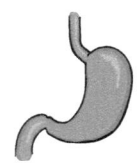

estómago

معده

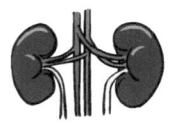

riñones

گرده

sexo

رابطه جنسی

preservativo

کاندوم

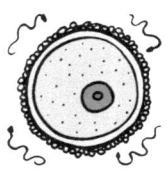

óvulo

تخمه

semen

آب منی

embarazo

حاملگی

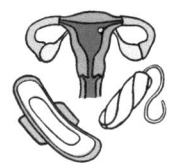

menstruación

قاعده گی

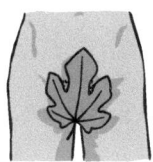

vagina

مجرای تناسلی زن

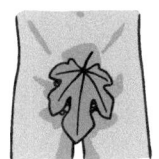

pene

آلت تناسلی مرد

ceja

ابرو

pelo

مو

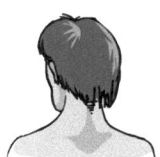

cuello

گردن

hospital
شفاخانه

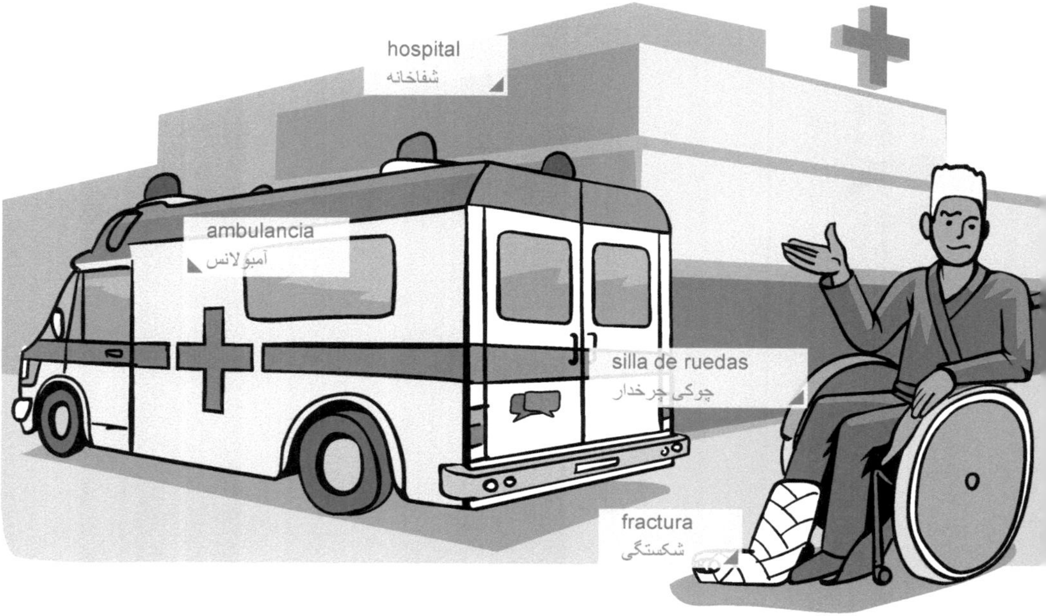

hospital
شفاخانه
ambulancia
آمبولانس
silla de ruedas
چوکی چرخدار
fractura
شکستگی

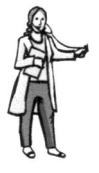

médico
داکتر

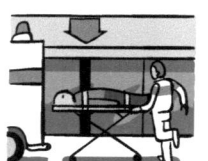

sala de guardia
اطاق عاجل

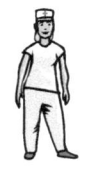

enfermera
نرس

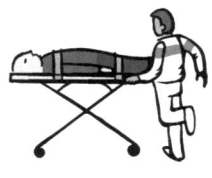

emergencia
عاجل

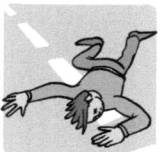

inconsciente
بیهوش

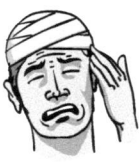

dolor
درد

lesión

جراحت

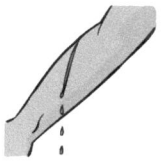

hemorragia

خونریزی

infarto

حمله قلبی

ACV

سکته مغزی

alergia

حساسیت

tos

سرفه

fiebre

تب

gripe

انفلوانزا

diarrea

اسهال

dolor de cabeza

سردرد

cáncer

سرطان

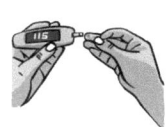

diabetes

شکر

cirujano

جراح

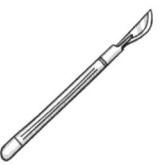

bisturí

چاقوی جراحی

operación

عملیات

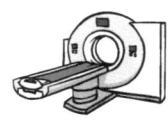

TC

سی تی

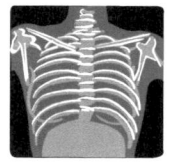

rayos x

ایکسری

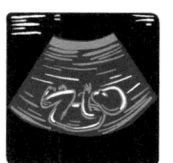

ecografía

سونوگرافی

barbijo

ماسک روی

enfermedad

مریضی

sala de espera

اطاق انتظار

muleta

عصا

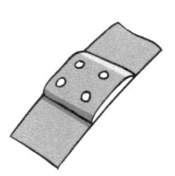

curita

گچ

venda

پانسمان

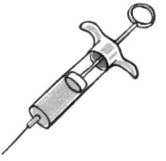

inyección

تزریق

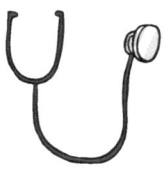

estetoscopio

استاتسکوپ

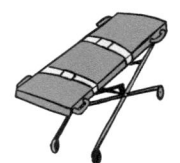

camilla

تذکره

termómetro

ترمامیتر کلینیکی

nacimiento

تولد

sobrepeso

اضافه وزن

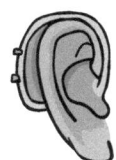

audífono

سمعک

desinfectante

ضدعفونی کننده

infección

عفونت

virus

وایروس

VIH / SIDA

اچ آی وی / ایدز

remedio

ادویه

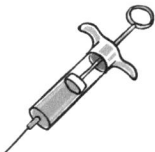

vacunación

واکسیناسیون

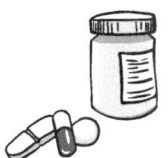

comprimidos

تابلیت ها

pastilla anticonceptiva

تابلیت

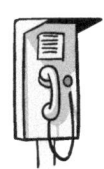

llamada de emergencia

تماس اضطراری

tensiómetro

مانیتور فشار خون

enfermo / sano

بیمار / سالم

emergencia
عاجل

¡Ayuda!

کمک!

alarma

زنگ هشدار

agresión

تجاوز

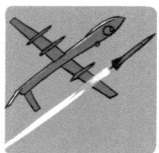

ataque

حمله

peligro

خطر

salida de emergencia

خروج اضطراری

¡Fuego!

آتش!

matafuego

آله ضد حریق

accidente

حادثه

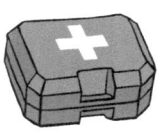

botiquín de primeros auxilios

بکسه کمک های اولیه

SOS

پیام اضطراری

policía

پولیس

Tierra
زمین

Europa

اروپا

América del Norte

امریکای شمالی

América del Sur

امریکای جنوبی

África

آفریقا

Asia

آسیا

Australia

استرالیا

Atlántico

اقیانوس اطلس

Pacífico

اقیانوس آرام

Océano Índico

اقیانوس هند

Océano Antártico

اقیانوس منجمد جنوبی

Océano Ártico

اقیانوس منجمد شمالی

polo norte

قطب شمال

polo sur

قطب جنوب

Antártida

قاره قطب جنوب

Tierra

زمین

tierra

خشکی

mar

دریا

isla

جزیره

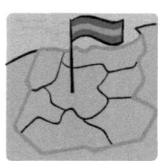

nación

ملت

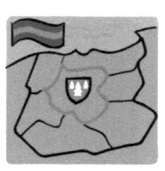

estado

کشور

reloj
ساعت

esfera

روی ساعت

manecilla de las horas

عقربه ساعت شمار

minutero

عقربه دقیقه شمار

segundero

عقربه ثانیه شمار

¿Qué hora es?

ساعت چند است؟

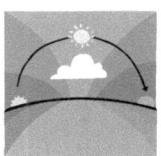

día

روز

hora

زمان

ahora

اکنون

reloj digital

ساعت دستی دیجیتل

minuto

دقیقه

hora

ساعت

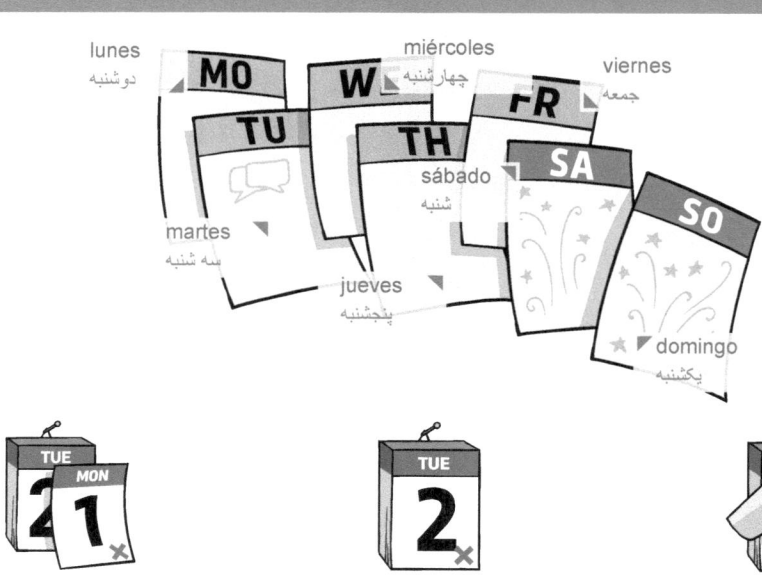

semana

هفته

lunes
دوشنبه
MO
miércoles
چهارشنبه
W
viernes
جمعه
FR
TU
TH
sábado
شنبه
SA
martes
سه شنبه
jueves
پنجشنبه
domingo
یکشنبه

1

ayer

دیروز

2

hoy

امروز

mañana

فردا

mañana

صبح

mediodía

ظهر

tarde

غروب

MO TU WE TH FR SA SU
1 2 3 4 5 6 7
8 9 10 11 12 13 14
15 16 17 18 19 20 21
22 23 24 25 26 27 28
29 30 31 1 2 3 4

días hábiles

روزهای کاری

MO TU WE TH FR SA SU
1 2 3 4 5 6 7
8 9 10 11 12 13 14
15 16 17 18 19 20 21
22 23 24 25 26 27 28
29 30 31 1 2 3 4

fin de semana

آخر هفته

lluvia
باران
arco iris
رنگین کمان
vier to
شمال
nieve
برف
primavera
بهار
verano
تابستان
otoño
خزان
invierno
زمستان

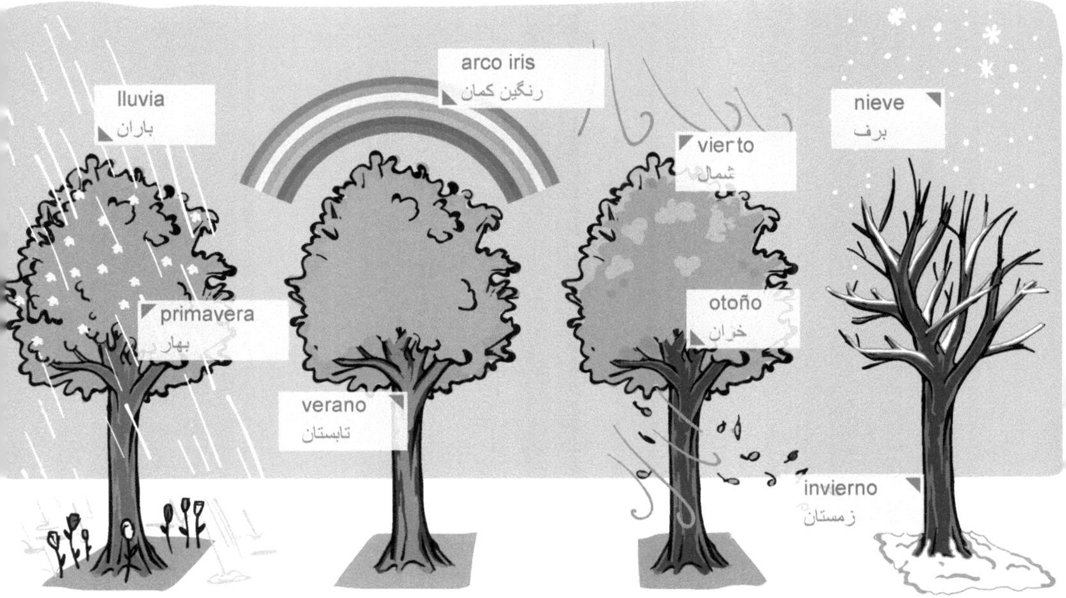

pronóstico meteorológico

پیش بینی آب و هوا

C

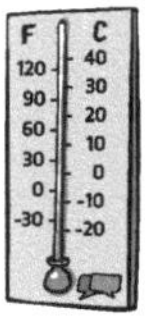

termómetro

ترمامیتر

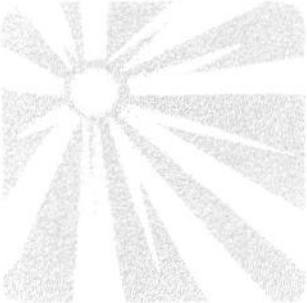

luz del sol

آفتاب

nube

ابر

niebla

غبار

humedad

رطوبت

rayo

رعد و برق

trueno

الماسک

tormenta

طوفان

granizo

ژاله

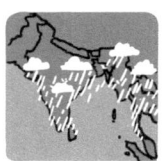

monzón

موسم بارندگی

inundación

سیل

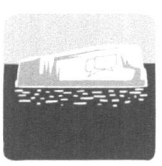

hielo

یخ

enero

جنوری

febrero

فبروری

marzo

مارچ

abril

اپریل

mayo

می

junio

جون

julio

جولای

agosto

اگست

septiembre

سپتمبر

octubre

اکتوبر

noviembre

نومبر

diciembre

دسمبر

formas

شکل ها

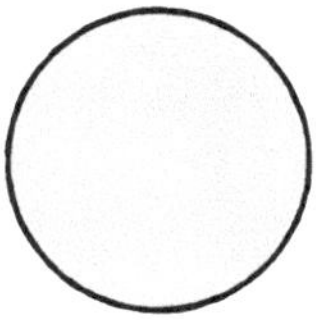

círculo

دایره

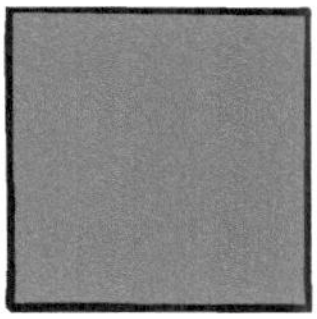

cuadrado

مربع

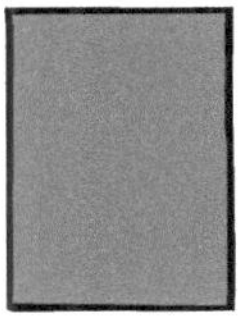

rectángulo

مستطیل

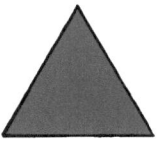

triángulo

مثلث

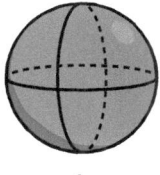

esfera

کره

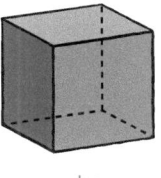

cubo

مکعب

colores

رنگ ها

blanco

سفید

amarillo

زرد

naranja

نارنجی

rosa

گلابی

rojo

سرخ

violeta

بنفش

azul

آبی

verde

سبز

marrón

نصواری/قهوه یی

gris

خاکستری

negro

سیاه

opuestos
متضاد ها

mucho / poco
زیاد / کم

enojado / tranquilo
عصبانی / آرام

lindo / feo
مقبول / بدرنگ

principio / fin
آغاز / پایان

grande / chico
بزرگ / کوچک

claro / oscuro
روشن / تیره

hermano / hermana
برادر / خواهر

limpio / sucio
پاک / کثیف

completo / incompleto
کامل / ناقص

día / noche
روز / شب

muerto / vivo
مرده / زنده

ancho / angosto
عریض / باریک

comestible / no comestible

خوراکی / غیر خوراکی

malo / amable

عصبانی / دوستانه

entusiasmado / aburrido

هیجان زده / کسل

gordo / flaco

چاق / لاغر

primero / último

اول / آخر

amigo / enemigo

دوست / دشمن

lleno / vacío

پر / خالی

duro / blando

سخت / نرم

pesado / liviano

سنگین / سبک

hambre / sed

گرسنگی / تشنگی

enfermo / sano

بیمار / سالم

ilegal / legal

غیر قانونی / قانونی

inteligente / estúpido

باهوش / احمق

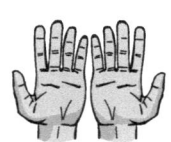

izquierda / derecha

چپ / راست

cerca / lejos

نزدیک / دور

nuevo / usado

نو / کهنه

nada / algo

هیچ چیز / چیزی

viejo / joven

پیر / جوان

encendido / apagado

روشن / خاموش

abierto / cerrado

باز / بسته

silencioso / ruidoso

بی صدا / پر سر و صدا

rico / pobre

ثروتمند / فقیر

correcto / incorrecto

صحیح / غلط

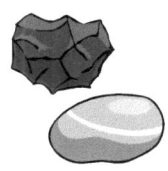

áspero / suave

ناهموار / هموار

triste / contento

غمگین / خوشحال

corto / largo

کوتاه / بلند

lento / rápido

آهسته / سریع

mojado / seco

تر / خشک

caliente / frío

گرم / سرد

guerra / paz

جنگ / صلح

números

اعداد

0

cero

صفر

1

uno

یک

2

dos

دو

3

tres

سه

4

cuatro

چهار

5

cinco

پنج

6

seis

شش

7

siete

هفت

8

ocho

هشت

9

nueve

نه

10

diez

ده

11

once

یازده

12

doce

دوازده

13

trece

سیزده

14

catorce

چهارده

15

quince

پانزده

16

dieciséis

شانزده

17

diecisiete

هفده

18

dieciocho

هجده

19

diecinueve

نوزده

20

veinte

بیست

100

cien

صد

1.000

mil

هزار

1.000.000

millón

میلیون

idiomas
زبان ها

inglés

انگلیسی

inglés americano

انگلیسی امریکایی

chino mandarín

چینی ماندارین

hindi

هندی

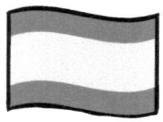

español

اسپانیایی

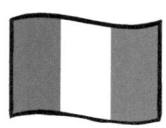

francés

فرانسوی

árabe

عربی

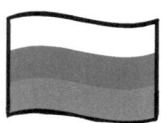

ruso

روسی

portugués

پرتغالی

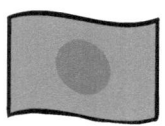

bengalí

بنگالی

alemán

آلمانی

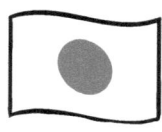

japonés

جاپانی

quién / qué / cómo

کی/چی/چطور

yo

من

vos

شما

él / ella

او / او / آن

nosotros

ما

ustedes

شما

ellos

آن ها

¿quién?

کی؟

¿qué?

چی؟

¿cómo?

چطور؟

¿dónde?

کجا؟

¿cuándo?

چه وقت؟

nombre

اسم

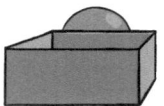

detrás

عقب

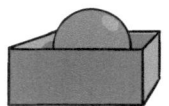

en

در

adelante de

پیش روی

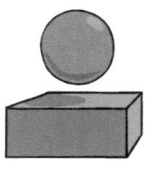

por encima de

بالا

sobre

روی

debajo de

زیر

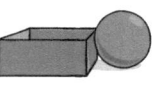

al lado de

پهلو

entre

میان

lugar

محل

'